AF224576

LA

QUESTION BRULANTE

PARIS. — IMPRIMERIE DE E. BRIÈRE,

RUE SAINT-HONORÉ, 257.

LA

QUESTION BRULANTE

PAR M*** J***.

(Maurice Joly)

PARIS

H. DUMINERAY, LIBRAIRE-ÉDITEUR,

78, RUE RICHELIEU, 78.

—

1861

Il n'est pas inutile d'avertir le lecteur que ce n'est pas sans peine que cette brochure voit le jour. Ne voulant faire entendre que quelques paroles libres et convaincues, l'auteur n'estimait pas que ce mince opuscule valût la peine d'être signé. Deux éditeurs lui ont refusé leur concours, trouvant cette publication trop *forte*, c'est là leur expression, pour en assumer la responsabilité. Ceci nous a paru étrange : Le ciseau de la censure ne tombe-t-il des mains du gouvernement que pour se retrouver dans celles de l'éditeur ? C'était bien des scrupules, à ce qu'il semble : Quand chaque jour on imprime impunément des écrits qui attaquent presque ouvertement la religion de l'État, la morale et le droit publics on n'est pas *trop fort;* quand on demande à grands cris la chute du souverain Pontife ; quand on appelle le schisme au sein de l'Église française, on n'est pas *trop fort;* quand on jette chaque jour sur la place de petits livres qui spéculent sur la curiosité la plus honteuse, on n'est pas *trop fort;* mais qu'une voix un peu passionnée s'élève pour faire entendre quelques vérités à ce même public comblé de tant de platitudes, la mesure est dépassée : on est *trop fort.*

L'importance de cette observation n'échappera pas aux hommes clairvoyants de cette époque. En quoi donc consiste la morale publique, comment entendons-nous la liberté, et que signifierait le décret du 24 novembre, si des écrits tels que ceux-ci pouvaient redouter la censure ? Le public appréciera.

La guerre, dont l'Europe paraît menacée pour le printemps prochain, fait peser une telle anxiété sur les esprits, que les événements les plus énormes perdent dès le lendemain la plus grande partie de leur importance, et que l'attention publique passe continuellement à l'ordre du jour sur les questions les plus graves ; c'est ce qui vient d'arriver pour le décret du 24 novembre. Les yeux fixés avec inquiétude du côté des Alpes, c'est à peine encore si la France a pris le temps de se replier sur elle-même et de réfléchir sur ses propres destinées. Ne semblerait-il pas, à la voir s'enquérant chaque jour avidement de ce qui se passe dans les chancelleries, que les intérêts des autres peuples la préoccupent beaucoup plus que les siens ? Qu'elle songe un peu plus à elle-même cependant, le cas en vaut la peine, ou elle finira par justifier ce propos d'un journal anglais, qui la comparait dernièrement à une commère qui va causer sur le pas de sa porte avec sa voisine, pendant que son rôti brûle.

Un des faits les plus extraordinaires dont l'histoire fasse mention vient de s'accomplir sous nos yeux. Un souverain, affermi dans son pouvoir par l'éclat de sa politique et l'affaissement des partis, vient de déposer spontanément une portion de ce pouvoir entre les mains de la nation qui lui avait donné un vote de confiance absolue.

Quels ont été les motifs de cette solennelle décision, et jusqu'à quel point la nation est-elle préparée à recevoir l'investiture de la liberté ? C'est ce que je voudrais examiner ici. Je n'appartiens à aucun parti, et je suis un homme nouveau ; c'est chose assez rare en un temps où les hommes, à peine débarqués dans le journalisme, vont se ranger au hasard sous le premier drapeau venu. Les gens de pouvoir ou d'opinion ne me sont connus ni par leurs bienfaits ni par leurs injures ; une voix sans notoriété ni talent, mais indépendante, peut mériter d'être entendue, même à côté de celles qui s'élèvent avec le prestige de la réputation, quand ces voix ont depuis longtemps jeté à tous les échos le cri de leur banalité ou de leur servitude.

Il y a peu de mérite, d'ailleurs, à écrire des brochures en ce temps-ci, il faut bien en convenir. Où sont donc celles qui reflètent un éclair de vérité, de passion ? Où le philosophe, le moraliste trouvera-t-il quelque physionomie, quelque aspect des tendances et de l'esprit de notre époque dans ces pâles publications, où l'on spécule sur un nom connu pour gagner quelques écus chez le libraire ? C'est la conspiration de la banalité. Le peuple, que l'on essaie de préparer au régime de la liberté, doit rire avec assez de dédain de l'usage qu'en font tous ces librettistes. Voilà donc les torrents de lumières que ces blasphémateurs sublimes tenaient en réserve pour le jour où la France aurait besoin de mille idées, de mille conseils pour en faire jaillir un principe ! Les hommes d'une certaine valeur, je le sais, dédaignent de descendre dans l'arène vulgaire où se débattent tous ces pauvres écrits. Pour nous, c'est la place publique cependant, c'est notre forum ; mais cette place, elle a été livrée aux faiseurs, qui peuvent y exercer impunément leur triste monopole... Mais je m'arrête, car, moi aussi, je descends dans cette arène, et, quoique je n'y descende pas sans passion, ce ne sont pas, du moins je l'espère, les passions d'un pamphlétaire.

Dans des moments comme ceux où nous vivons, les journaux sont des canaux trop étroits pour la pensée publique. Le public se soucie bien, d'ailleurs, d'entendre les mêmes voix dont il est fatigué depuis douze ans ! On demandait dernièrement la dissolu-

tion du Corps législatif pour faire arriver aux oreilles du pays des voix plus indépendantes : si l'on demandait le licenciement du journalisme actuel pour faire arriver aussi l'arrière-garde des intelligences ? Le public doit être bien las de ceux qui le haranguent chaque matin : ne sait-il pas ce qu'ils ont dit, ce qu'ils diront, le gouvernement ne le sait-il pas lui-même ? Ils ne diront rien, parce qu'ils n'ont rien à dire. L'ironie était profonde, elle n'a pas été comprise peut-être ; on feignait de les croire dangereux !... On leur demandait de la réserve, ils en ont montré ; ils ont eu l'intelligence de comprendre que l'opinion tout entière se serait soulevée contre eux s'il en avait été autrement.—Il faut le dire, parce que c'est vrai, le public a perdu toute confiance dans une presse qui s'est mise aux gages de l'industrie, qui blâme sans bonne foi, qui loue sans conviction, dont toutes les passions enfin se sont éteintes au sein de la spéculation.

Il ne faut pas s'étonner si ce noble pays est resté immobile pendant douze ans : Las de vicissitudes politiques, épuisé d'agitations, désabusé de ses erreurs, il n'a pas encore eu le temps de refaire sa pensée ; il se cherche et ne se trouve pas. Nourri dans le matérialisme des idées modernes, il a oublié momentanément qu'il avait une âme ; il lui suffisait de vivre sous un gouvernement habile à protéger ses intérêts.

Certes, si l'Empereur ne possède pas le cœur de la France, elle peut se flatter du moins de n'avoir jamais vécu sous une main plus ferme, sous une inspiration plus haute, sous un esprit plus profond, sous une pensée plus indépendante. Cependant ce prince, dont le libre arbitre est si puissant, a senti le besoin de faire appel à l'opinion publique, de départager les voix qui l'avaient élu comme pour en connaître la valeur et la force réelle, la force intelligente. D'où vient qu'il ne trouve rien autour de lui que des voix depuis longtemps asservies, et que lui-même, sans doute, il ne compte pas ? D'où vient que l'opinion ne se rallie pas, ne se manifeste pas, ne fait explosion nulle part? Osons le dire : C'est qu'il n'y a pas d'opinion, c'est qu'il n'y a que des individus, c'est qu'il n'y a que des intérêts; c'est que tous les ressorts de la France sont, non pas brisés, Dieu me garde de dire un tel mot, mais si profondément détendus, qu'il n'y a plus nulle part ni action ni pensée. Le mal est profond, il est terrible, il est pire que l'agitation peut-être, car l'agitation, c'est la vie du moins ; l'atonie, c'est le commencement de la mort.

Cette prostration de l'esprit public ne devait point échapper à l'Empereur ; il n'entendait point sans doute régner sur des ombres. Avant de songer à ranimer la vie publique, son regard avait dû se porter sur toutes les parties du corps social; ce coup d'œil dut l'effrayer : Un égoïsme dur et féroce était entré dans les mœurs en même temps qu'une froide démoralisation ; toute idée religieuse était détruite, une haine sauvage animant les uns contre le culte de leur pays, une indifférence incurable formant chez les autres une sorte de plaie indolente ; les caractères étaient détrempés, les esprits avaient perdu tout ressort; aussi l'art, qui n'est que l'expression d'une époque, était-il descendu au même niveau, montrant partout les froides empreintes d'un siècle sans génie ; la littérature avilie se traînait dans le ruisseau ; le théâtre, qui, lui aussi, est l'expression des mœurs, n'était plus qu'un réceptacle où l'ineptie donnait rendez-vous à la licence.

Si de ces régions sociales il élevait la vue plus haut, que trouvait-il ? Des hommes de parti inconciliables dans leur haine, tous les débris des anciens régimes, masse confuse qui a mille voix, mille visages, et pas une pensée, à peine la pensée de la patrie ! Enfin, s'il regardait à ses côtés, à part quelques hommes liés étroitement à sa souveraine fortune, et dont l'esprit fut toujours égal à leur position, que trouvait-il ? Des hommes sans force ni vertu, transfuges de toutes les causes et qui s'étaient glissés jusqu'aux affaires en retournant leurs habits. Le favoritisme, la plaie des monarchies, reprenait sa place à tous les échelons des emplois, écartant les gens capables pour y mettre des hommes de paille.

Jetait-il enfin ses regards sur la situation extérieure de l'Europe, c'étaient bien d'autres dangers, bien d'autres complications encore. Son gouvernement venait de briser les fers d'une nation voisine et l'avait jetée dans les bras de la liberté. Personne n'ignore quelle était, au moment de la guerre d'Italie, la situation du cabinet des Tuileries. Cette situation était pressante, terrible ; l'opinion publique attendait ce moment pour juger le règne ; c'était un de ces cas dans lesquels un gouvernement est mis en demeure par les faits de signer sa déclaration de principes ; il fallait se prononcer entre le droit des nations et le droit des rois, entre le principe démocratique et le principe monarchique, entre le droit nouveau et le droit ancien ; Napoléon III ne pouvait hésiter. Elevé au trône par l'acclamation populaire, représentant de la Révolution de 89, dont sa race est issue, sa conduite était dictée à l'avance : il tira l'épée pour l'Italie, se souciant peu au fond d'avoir avec lui les rois, pourvu qu'il eût avec lui les peuples, bien certain que le courant populaire l'élèverait au-dessus du choc des couronnes ; il savait que sa couronne à lui s'affermirait sur sa tête, tandis que le sceptre échapperait aux mains de tous les autres souverains de l'Europe. Telle fut sans doute sa pensée ; sa diplomatie, non moins habile que sa politique, put amortir le coup ; mais les cabinets monarchiques de l'Europe ne s'y sont pas trompés, et tous, avec un rare à-propos, ils ont conjuré les périls de leur situation, non pas en marchant contre la France, non en essayant de former des coalitions, mais en cherchant un appui au milieu de leurs sujets. La Russie hâta l'émancipation des serfs, l'Autriche accorda des réformes libérales, la Prusse agit dans le même sens. C'était habilement joué cette fois, et les hommes jeunes qui siègent sur les vieux trônes de l'Europe ne manquèrent dans cette circonstance ni à leur étoile ni à l'esprit de leur temps. Sur une telle base, tous ces souverains pouvaient s'entendre avec Napoléon III ; et, chose singulière, il se trouvait en définitive que, parmi les potentats de l'Europe, le seul qui n'eût encore rien fait pour son peuple, c'était l'Empereur des Français, lui qui avait déchaîné la révolution à leur porte au nom de la liberté. Une telle inconséquence voulait être réparée sans retard ; on sait avec quelle décision elle le fut.

Ce rapide coup d'œil, tant à l'intérieur qu'à l'extérieur, explique donc sans difficulté le décret du 24 novembre.

S'appuyer sur la démocratie de l'Europe entière à l'extérieur ; à l'intérieur donner une satisfaction éclatante à l'opinion publique, ruiner le parti légitimiste qui avait pris en main la cause de la liberté, désarmer les libéraux, fermer la bouche à la presse, attirer à lui tous les hommes sincères, resserrer les liens de la nation, enfin tirer la France de la léthargie où elle était plongée, telles furent, je crois, les vues principales qui dictèrent cet acte de haute politique et de haute moralité ; il avait, en outre, la rare faveur d'arriver comme la consécration la plus formelle des promesses qui avaient été faites au commencement du règne.

J'ai rempli peut-être la première partie de mon programme, qui était de rechercher les causes générales qui avaient présidé à l'acte du 24 novembre.

Maintenant, la France est-elle mûre pour le régime nouveau qui commence ? Je ne craindrai pas de répondre selon ma pensée et je dirai : Non. Je n'ignore pas que cette parole a été prononcée ; mais le pourquoi n'en a pas été dit, et c'est ce que j'essaierai de faire ici. Les hommes qui tâchent à se donner un renom d'origi-nalité dans la presse par des opinions hardies ne prennent pas la peine de les justifier ; ils affirment, cela leur suffit.

Irai-je jusqu'à dire que ce décret est mal venu ; qu'il fallait attendre ? Ce serait tout le contraire de ma pensée. Mais on entend parler à tout instant de l'opinion publique. Y a-t-il, en effet, une opinion publique ? non.—Y a-t-il une maturité d'idées libérales ? non.— Y a-t-il une entente quelconque sur les grands intérêts du pays? non encore. Il n'y a rien de tout cela ; il y a une immense population, une magnifique armée, une puissante richesse, une superbe organisation administrative, de splendides monuments, une industrie et un commerce en pleine expansion ; mais il n'y a en France ni esprit public, ni tradition politique, ni attachement à la chose publique, rien de ce qui fonde les démocraties, rien de ce qui fonde les aristocraties, et même, jusqu'à preuve contraire, rien de ce qui rend les monarchies durables.

Passons en effet en revue les principales classes de la société. La noblesse est détruite, non pas qu'elle n'existe plus de fait ; ce serait une étrange illusion que de s'imaginer que toute la vieille roche a passé sous la hache de 93 ; la noblesse n'existe plus, parce qu'elle n'a plus de droits distincts, parce qu'elle n'a plus d'esprit de corps, parce qu'elle n'a plus de génie, parce qu'elle n'a plus de richesses.

Le gouvernement de Louis XIV et celui de Richelieu furent étrangement imprévoyants, il faut en convenir, en favorisant sans mesure l'essor de la bourgeoisie : l'un en décapitant les restes de l'autocratie féodale, l'autre en ruinant la noblesse dans les fêtes et en l'asservissant au milieu du faste de sa cour. 1789 est le résultat final de leur politique. L'histoire se demandera peut-être s'ils ont bien su comprendre les conditions du gouvernement monarchique. Tout triomphe sur l'aristocratie est un triomphe anticipé sur la royauté elle-même ; cette généreuse noblesse, dont on avait extirpé l'esprit politique, eut beau faire un rempart de son corps à un trône ingrat, elle ne sut que mourir. En brisant sa forte discipline, on l'avait rendue incapable de produire désormais un grand homme.

Venons à la bourgeoisie : qu'est-ce donc aujourd'hui que cette puissance qui a envoyé à l'échafaud ses nobles et son roi? Où est cette forte sève que promettait l'indomptable génération de 89 ; quel homme s'est élevé au pouvoir depuis 1815 qui n'ait montré à la fois toutes les faiblesses et toutes les impuissances? Louis XVIII et Charles X tenaient la bourgeoisie à l'écart, ils n'avaient pas si tort, ma foi! Louis-Philippe a pu voir ce qu'il fallait attendre des dictateurs de la banque et de la manufacture, comme on les appelait; ils ont jeté leur roi par terre comme un homme de carton, ne s'apercevant pas qu'une fois la partie jouée, leur rôle était fini, et que le prolétariat se levant derrière eux les ferait disparaître pour jamais de la scène politique. Les lois les plus impopulaires, le gouvernement le plus étroit, le plus mesquin, les idées les plus faibles, les plus dures, voilà ce que l'on a toujours trouvé au sein des majorités qui gouvernaient alors le pays ; en vain formait-on coalition sur coalition pour escalader le pouvoir et y faire arriver les plus agissants. Pas un homme solide ne se présentait en scène ; on ne voyait que des pygmées se montant sur le dos les uns des autres, et dégringolant aux grands éclats de rire de la foule.

Voilà ce que fut la bourgeoisie, voilà ce qu'a duré son règne. Mais je sais qu'il est d'usage pour abriter sa faiblesse et son impopularité de la confondre avec le peuple, en disant qu'elle en est issue, qu'elle sort de ses flancs et que, qui s'attaque à elle, s'attaque au peuple lui-même. Allez donc demander à ce peuple s'il se confond avec elle. Demandez donc aux masses déplorablement égarées de 48, si elles se sentaient incarnées dans la bourgeoisie comme le Saint-Esprit dans la Trinité. Non, la bourgeoisie n'est pas le peuple ; le peuple avec ses grands instincts, sa haute moralité, n'entend pas qu'on le confonde avec la bourgeoisie ; il veut être lui et il est lui, ne fût-ce que par cette distinction profonde qu'il n'a rien et que la bourgeoisie possède, qu'il vit de son travail quotidien et que la bourgeoisie est émancipée du labeur, qu'elle est parvenue et que lui cherche à parvenir ; — que ceux qui sont parvenus ne se confondent pas avec ceux qui parviendront ; une nouvelle génération se lève, l'avenir de la France n'est pas devant elle, il est derrière. — Oui, le peuple est distinct de la bourgeoisie ; il en doit être ainsi peut-être, n'en déplaise à ceux qui rêvent une nation identique dans toutes ses parties, dont les individus sont tous pareils comme des mouches. La force d'un pays est peut-être dans la variété de ses éléments politiques. Je ne veux pas insister sur ce point, mais qu'on y prenne garde, la confusion de toutes les classes prépare la confusion de tous les droits et de toutes les libertés.

J'ai indiqué brièvement quels étaient la force et l'esprit public de la bourgeoisie, parlerai-je du peuple ? Je le dois pour aller jusqu'au bout.

Le peuple en France, malgré ses qualités supérieures, n'a pas non plus d'esprit public, n'a pas non plus d'opinion ; je n'appelle pas une opinion ces idées funestes puisées dès l'enfance dans les déplorables égarements du philosophisme ; je n'appelle pas une opinion ce mépris du catholicisme, cette haine du clergé, qui est sa seule profession de foi, ou, si c'en est une, ce n'est pas celle qui le conduira jamais à rien de grand ni de juste ; ce peuple, qui n'a plus de croyance, qui n'a plus de religion, auquel on a arraché ce qui soutient et ce qui console dans les dures épreuves de la vie, a-t-il au moins quelques idées droites et fermes en matière politique ? on a pu le voir en 48. De vagues déclamateurs, des hommes plus ignorants encore que malfaisants, l'ont égaré et joué comme un enfant ; ces insensés voulaient refaire la société comme on refond un bloc d'argile, et le peuple croyait cela possible ; il croyait à l'organisation du travail, il croyait à l'égalité des biens, il croyait à l'impôt progressif, à l'impôt du capital, aux banques d'échange, à bien d'autres folies échappées des cerveaux creux et hallucinés de ces hommes, dont les idées font sur l'esprit l'impression du cauchemar.

Que croit le peuple aujourd'hui ? il le sait moins que jamais, peut-être ; et comment le saurait-il, où se serait faite son éducation ? Les journaux ne continuent-ils pas à pousser à la haine du prêtre, au mépris de la Religion ? Qu'a-t-il vu dans les feuilles publiques ? D'un côté, de plats louangeurs d'un gouvernement dont la véritable grandeur leur échappe peut-être, de l'autre, d'impuissants détracteurs dénigrant, de parti pris, des institutions qui ne sont pas les leurs ; il voit tous ces journaux se quereller chaque jour comme des ménagères, et substituer une polémique de boutique à une large discussion d'intérêts. Où sont donc les hommes de talent, de style, d'inspiration, dont les saines et fermes paroles pourraient retentir dans son cœur généreux ? Je ne les vois pas ; je vois des écrivains à tant la tâche, je ne vois pas de publicistes, ou j'en vois si peu, que l'on ne peut les regarder que comme de très-rares exceptions ; ce ne sont pas, d'ailleurs, ceux-là, il faut malheureusement le dire, qui agissent sur la fibre populaire, ce sont des écrivains sans talent et sans conviction, qui flattent les instincts mauvais qu'ils lui ont mis dans le cœur ; ce sont ceux qui ressassent les banalités irréligieuses, sardoniques, frivoles, dont nos oreilles sont accablées depuis vingt ans, et qui ne soulèvent ni réprobation ni dégoût au sein de ces masses pourtant si nobles, si désintéressées dans les luttes de la vie comme sur les champs de bataille.

Avais-je quelque raison de dire qu'il n'y a pas, ou, du moins, qu'il n'y a pas encore d'opinion publique en France ; le décret du 24 novembre n'en a pas déterminé la manifestation : il est resté une lettre morte.

Je ne sais si les journaux se réjouissent sérieusement du régime libéral qui vient d'être inauguré ; « *il faudra avoir du talent* » *pour être lu,* » et ce n'est pas précisément jusqu'ici ce qui a gêné ceux qui se nomment les interprètes de la pensée publique ; ils seraient bien embarrassés de l'interpréter cette pensée, elle n'existe pas, et si elle existait, je doute qu'il la devinassent.

Mais descendons plus au fond dans le caractère même de notre nation, et voyons si ce caractère n'oppose pas lui-même le plus grand obstacle au régime de la liberté et de la vie politique.

Il n'est pas de peuple au monde qui pénètre moins vite le mérite et qui en soit plus jaloux que le peuple Français. On se moque des hommes légers, et on ne supporte pas les hommes sérieux ; un insipide hâbleur se fait écouter et l'homme de mérite modeste est dédaigné comme un homme nul, car il n'est pas de peuple non plus qui soit plus facilement dupe des apparences. Les Français rient de tout, a-t-on dit, ils rient partout aussi : ils rient dans les Églises, ils rient aux enterrements, ils rient aux exécutions, je sais qu'ils rient aussi sous le feu ! Dans les endroits les plus sérieux on bavarde, on jacasse comme au marché, on jacasse à l'audience pendant que l'avocat plaide ou que l'avoué prend les conclusions, on jacasse à la Chambre pendant que l'orateur parle, partout enfin on fait autre chose que ce qu'on est venu faire.

Mais je sais que ce sont là des traits bien légers, en voici d'autres :—Instinctivement on a horreur de la règle, chacun veut se faire une loi à soi, un privilége à soi, un droit à soi ; on parle d'égalité, et personne ne veut faire ce que fait le vulgaire, penser ce que pense le vulgaire ; — le vulgaire, cependant, nous oublions que c'est notre maître à tous ; car c'est le nombre qui fait la loi, c'est la majorité qui fait la force, et le suffrage universel en est issu. — Nous sommes amoureux des distinctions et nous ne pouvons pas supporter qu'elles exercent sur nous leur empire, on désire passionnément la richesse et

2

on hait les riches, on regarde secrètement la noblesse comme un des plus beaux apanages de la vie sociale et on hait les nobles; quand un homme en a blessé un autre dans son amour-propre, il est calomnié, vilipendé, traîné dans la boue; on pardonnerait plutôt un affront qu'une piqûre de vanité. Ce peuple dont tous les membres se croient égaux ne peut naturellement pas souffrir la moindre offense, et des haines mortelles s'amassent entre les individus pour un coup de chapeau refusé.

Un ennui profond pour les études sérieuses caractérise également notre nation; les plus vils saltimbanques feront courir tout Paris, personne ne se dérangera pour aller entendre un rapport à l'Académie; on raille l'Université, et l'on ne croit qu'aux grades et aux brevets qu'elle confère. Les beaux ouvrages dont une foule de rares génies ont doté la France sont bien plus connus à l'étranger qu'ils ne le sont en France, où personne ne les lit; des livres pleins de frivolité, de sottises et quelquefois de turpitudes, sont seuls en possession de la faveur publique.

Naturellement imprévoyants, nous ne pouvons supporter les conseils, et nous suivons toujours notre premier mouvement; on accumule faute sur faute, et l'on ne se préoccupe jamais de les réparer; l'esprit de suite nous fait défaut dans toutes nos entreprises; dès qu'il s'agit d'affaires, on ne peut compter sur l'exactitude de personne; on se traîne au travail comme au supplice, et on se hâte de le quitter pour s'élancer au plaisir, dût-on le payer, ce plaisir, de vingt jours de regrets et de privations. J'ai parlé de plaisir, j'oubliais qu'il n'en est plus, ce sont jouissances de vanités qu'il faut dire; on voit des familles s'apauvrir, se ruiner pour contenter leur envie de donner des fêtes qui fassent parler. Il a pris aux jeunes gens de cette époque une folie étrange, c'est la manie de se faire passer pour riches quand le plus souvent ils ont à peine le nécessaire; on en voit qui se font traîner toute une journée dans une voiture à deux chevaux pour faire croire aux passants qu'ils ont un équipage à eux ; d'autres qui dépensent leur provision de quinze jours dans un dîner pour éblouir leur voisin par le faste présumable de leur existence.

Mais ce qui est plus grave, c'est une absence de volonté, un défaut de persévérance, une mobilité qui fait tout entreprendre et tout quitter. Le moindre obstacle décourage, la moindre adversité terrasse.

C'est plus que jamais le règne des petits hommes, des hommes d'antichambre, des hommes de coulisse ; il semble qu'une mystérieuse conspiration les pousse, les élève, les caresse ; ce sont les mœurs du sérail. Où sont donc nos vertes franchises et notre vieil esprit gaulois ? Quoi ! pas une satire, pas même une épigramme ! On ne glose qu'à petit bruit, on n'ose pas ; le peuple français n'ose plus moquer ouvertement tous ces Gitons ; parlez d'un homme public en renom dont l'incapacité est connue, chut ! vous dit-on ; décriez un poète, un littérateur célèbre, mais sans génie, l'avis des gens sensés est pour vous ; mais on est convenu d'acquiescer aux réputations usurpées ; une flagrante médiocrité est hautement portée sur le pavois et triomphe pour ainsi dire des gens de mérite de leur consentement : on ne vit jamais rien de si étrange !

Je pourrais aller beaucoup plus loin dans cette peinture, je m'arrête. Il semble qu'un type moral et social, comme celui dont je viens de faire l'imparfaite analyse, soit peu fait pour soutenir le régime de la liberté et les austérités de la vie publique.

N'exige-t-elle pas de mâles vertus, des mœurs énergiques, et cet égoïsme national si éloigné du cosmopolitisme Français ? Nous sommes restés monarchiques par les instincts, par les mœurs, et nous ne sommes devenus libéraux que par les idées ; cela ne fait pas l'affaire. Très-précis, très-âpres quand il s'agit de nos intérêts particuliers, l'intérêt général ne touche personne ; on n'a qu'à voir ce qui se passe quand le gouvernement demande quelque chose au nom de l'intérêt général, tous les intérêts particuliers poussent les hauts cris; la masse du public en France ne comprend seulement pas le principe de l'impôt; on n'y satisfait qu'avec douleur; pour beaucoup de gens, se soustraire aux charges de l'État n'est pas une mauvaise action, voler le gouvernement n'est pas voler, c'est reprendre son bien à un ennemi qui a toujours les mains dans vos poches.—On sait avec quel empressement on cherche à être de la garde nationale, à faire partie du jury, avec quel empressement surtout on use de ses droits d'électeur? Voilà ce qui s'appelle comprendre la vie publique!

La vie publique! mais qui a le loisir de s'y mêler? C'est à peine si au bout de la journée les hommes occupés ont le temps de se recueillir! La vie publique! mais nous n'y sommes initiés ni par l'éducation de la famille, ni par celle du collége, ni par la vie sociale. Au sortir de ses études, un jeune homme, s'il a l'esprit bien fait, s'apercevra immédiatement qu'il ne sait rien et qu'il est impropre à tout; demandez-lui de voter, interrogez-le sur ses opinions politiques, sur ses idées générales, et vous verrez le joli sujet qu'ont fait la Presse et l'Université.

Non, je le répète, il n'y a pas d'opinion publique en France, je vais plus loin, je dis qu'il n'y a pas de libre-arbitre. A part quelques hommes qui se sont fait des principes et des idées personnelles à force d'étude et de méditation, le plus grand nombre vit sur une provision de lieux-communs qui passent de main en main comme de la monnaie.

Ce sont partout les mêmes mots, les mêmes phrases qui reviennent à l'oreille, et ces mots, ces phrases sont toutes faites depuis vingt ans. La Presse a habitué le public à prendre chaque jour sa pâtée d'idées toute formulées; — voyez plutôt ce qui se passe : jamais le public ne jugera par lui-même un homme, un livre, une brochure ; la Presse lui dit : tel livre vient de paraître, c'est fort beau, il le lit; la Presse lui dit : on joue ce soir telle pièce, c'est magnifique, il y court. Ainsi du reste. Que je sois démenti par les quinze ou vingt journaux qui battent monnaie de la réclame quotidienne, et ce qu'il y a de plus fort, le public est trompé, dupé, on se rit de lui en face il croit, il croit toujours ; il lui suffit que les choses soient imprimées, sa déconvenue de la veille ne lui dessille pas les yeux le lendemain.

La France, dit-on, a besoin de liberté, je le crois autant qu'homme du monde, mais il pourra se passer quelque temps encore avant qu'elle n'en comprenne les conditions ; un peuple est libre quand il a des convictions, des principes et qu'il sait se diriger lui-même : en est-il ainsi chez nous ? La masse du public a été constamment liguée contre la liberté, elle lui a fait constamment la guerre depuis trente ans. Qui donc en effet a constamment sollicité l'intervention de l'État ? — En 1837, 38, 52, 56, quand l'agiotage s'était emparé de l'esprit public et que les actionnaires de prétendues entreprises industrielles, étaient détroussés par la plus audacieuse friponnerie qui ait jamais vu le soleil, qu'avait à faire le public pour échapper aux bandits de la Bourse ? Ne plus jouer sans doute, s'abstenir de prendre des actions qui n'étaient que des chiffons de papier ? Pas du tout, le public ne cessait pas son métier de dupe, il préférait demander des lois restrictives, il préférait appeler la législature à son secours au lieu de se sauver lui-même. Rien ne fut jamais plus extraordinaire que des gens que l'on volait et qui appelaient les gendarmes en restant en commerce avec les voleurs ; les plus éminents jurisconsultes disaient au public : mais, ne demandez donc pas de lois, tenez vous en paix, méfiez-vous et faites vos affaires sans l'empire d'une législation qui est favorable au commerce. Le public ne cessait de crier : une loi, une loi! Le gouvernement fit comme Ponce Pilate, il leur fit faire une loi et se lava les mains.

Voilà comment en France on apprend à se passer du gouvernement et à faire ses affaires soi-même; j'ai cité cet exemple parce qu'il emprunte quelque actualité à la situation, j'en pourrais citer bien d'autres ; mais que servirait de chercher si loin ? Quand le souverain pontife ébranlé sur son siége, faisait appel aux catholiques par la voie de ses évêques, quels anathèmes ne furent pas lancés contre eux! Il n'y avait qu'eux de libres, d'indépendants en France, il n'y avait qu'eux qui parlassent et l'on voulait étouffer leur voix. Leur résistance faisait scandale, la hardiesse de leur langage soulevait des tempêtes. Qu'importe comment ils parlaient ? ils apprenaient au public à faire usage de cette même liberté dont leur courage devançait l'heure. Cependant on provoquait le gouvernement à des mesures violentes ; on entendait dire autour de soi : C'est intolérable,—comment souffre-t-on de telles choses ? — et puis, venait le mot inévitable : « si j'étais à la place du gouvernement, je ferais ceci, je ferais cela : » De la compression enfin, toujours de la compression ; voilà comment le public, en France sait conseiller ses gouvernements.

Chaque fois qu'une question de liberté a été posée, elle a toujours été résolue par le public contre la liberté ; le fait se reproduira plus d'une fois encore ; il serait bon cependant que la France s'interrogeât et se connût elle-même ; elle se convaincrait ainsi que ses malheurs politiques ont été plutôt sa propre faute que celle de ses gouvernements.

Extrême en tout, dans ses défaillances comme dans ses passions, la France a dormi pendant douze ans du sommeil d'Epiménide ; elle a oublié à son réveil ce que signifiait ce mot de liberté. Dangereux oubli, indifférence trompeuse. Le gouvernement de l'Empereur a su comprendre qu'il ne faut point se fier à cette quiétude apparente, car la société travaille sourdement alors même qu'elle paraît endormie ; il y a toujours quelque part des hommes qui portent en eux le démon familier des révolutions et dont les idées ont marché avec leur époque. Le temps n'est plus où les gouvernements, se renfermant dans leur égoïsme, ne s'occupaient que d'assurer l'heure présente, peu soucieux de laisser après eux des crises qui les emportaient le plus souvent eux-mêmes avant qu'ils ne fussent descendus au tombeau : c'est à la sueur de son front qu'il faut régner aujourd'hui ; il faut résoudre les problèmes que le mouvement des sociétés modernes a posés, sous peine de les voir se résoudre en dehors de l'action des gouvernements. Tel est sans doute l'esprit et la portée du décret du 24 décembre.

Chaque demi siècle porte avec lui sa somme d'intelligence, de force et de lumière. Il s'agissait de connaître les vœux de la France nouvelle ; un pouvoir basé sur le suffrage universel ne pouvait pas moins faire, car le suffrage universel a cela de précaire, qu'il semble ne lier que la génération des suffragants; c'est là le péril, mais c'est là aussi le salut, c'est du moins la condition des gouvernements qui ne pourront se survivre désormais qu'en se rajeunissant à la source de leur pouvoir ; comment le peuple français pourrait-il rester étranger à la vie politique, puisque le plus souverain de tous les droits lui a été si solennellement reconnu ? Le seul moyen qu'avait le gouvernement de s'éclairer sur les vœux de la génération qui s'élève, c'était de l'admettre à les exprimer ; qu'elle les exprime donc par tous les moyens qui sont en son pouvoir : les peuples qui se détachent de leurs propres intérêts périssent, les gouvernements qui mènent les affaires sans le concours du pays succombent. Mais comment associer le pays au gouvernement de l'Etat, comment obtenir la véritable manifestation de la pensée publique; c'est là que le problème commence, c'est là la plus terrible difficulté des gouvernements qui veulent marcher avec la raison publique en se séparant des passions et des aveuglements de la foule.

Quoi qu'il en soit, depuis le 24 novembre la France est entrée dans une phase nouvelle. Loin de reculer devant la liberté qu'on lui offre, elle doit se hâter de la saisir, ne fût-ce que pour se fami-

liariser avec l'exercice d'une faculté qui s'est rouillée si longtemps dans ses mains; elle le doit parce qu'elle aura besoin tôt
ou tard d'être libre dans sa force et calme dans sa liberté.

Mais il est douteux que le pays sorte si tôt de son engour-
dissement. Nul mouvement d'opinion n'a précédé ni suivi cette
crise, l'atonie persiste en présence du remède le plus salutaire :
c'est un symptôme que le siége du mal est profond. Il appartient
au gouvernement de découvrir les causes cachées qui paralysent
l'effet de ses généreux efforts ; sa haute bonne foi, son incompa-
rable franchise, ses intérêts mêmes sont un sûr garant qu'il entend marcher sérieusement dans la voie qu'il a ouverte lui-
même. Nous ne sommes pas de ceux qui se mêlent de conseiller les
princes et de leur donner des avis dont ils n'ont que faire ; mais
peut-être dans une prochaine étude essaierons-nous de préciser la
question et d'indiquer quels ressorts moraux et politiques il con-
viendrait de faire jouer pour que l'acte du 24 novembre atteignît
le but que l'on s'est proposé.

La véritable question, la question brûlante est là ; nous n'avons
qu'un intérêt indirect dans les affaires extérieures ; notre intérêt
le plus pressant est chez nous, le public ne doit pas l'oublier.

Quant à nous qui, dans ce très-modeste écrit, avons essayé
de donner les premiers l'exemple d'une franchise et d'une hardiesse que les temps rendent nécessaires, nous ne croyons pas
avoir blessé la susceptibilité publique. Il ne faut pas flatter les
peuples, il faut essayer de leur dire la vérité. Les masses ne s'en
offensent jamais, il n'y a que les individus qui la craignent.

Paris. — Imprimerie de E. Brière, rue Saint-Honoré, 257.

www.ingramcontent.com/pod-product-compliance
Lightning Source LLC
Chambersburg PA
CBHW051357050726

47595CB00006B/2604